DIBUJAR
ESPACIOS

Petra García-García

Hojas de un árbol caídas

europa
ediciones

© 2025 **Europa Ediciones** | Madrid

www.grupoeditorialeuropa.es

ISBN 9791256960309

I edición: enero del 2025

Distribuidor para las librerías: **CAL Málaga S.L.**

Impreso para Italia por *Rotomail Italia S.p.A. - Vignate (MI)*

Stampato in Italia presso *Rotomail Italia S.p.A. - Vignate (MI)*

Hojas de un árbol caídas

Versos de una niña que encontró un botón
y se hizo un traje de fiesta.

Prólogo

Era muy niña, cuando percibí que alguien me quería... Descubrí los afectos e inicié mi viaje en un espacio donde todo se comparte sin imperativo que doblegue tu voluntad; los propios aconteceres van marcando el guion y, a la vez, forjan tu andamiaje para encarar la vida.

El medio también condiciona. Y esta que me forjó es una tierra parda y dura, donde se dice que los hombres no lloran y donde no se dice que la mujer es quien guía el carro de la vida con aparente resignación. ELLA y no él es EL *materfamilias*... Es también una tierra de horizontes trigueños, que ondulan con el viento como un mar seco, donde nunca se pasó hambre. Antes de resignarse a ser romana, fue espacio de Vacceos, con un pasado de envidias norteñas que obliga a velar por lo que tienen: su grano rubio y abundante. Llegar a esta Castilla, por nacimiento o por viaje, obliga a conocer la textura de su alma recia, poco dada a la caricia, púdica en lágrimas, y a amarla sin límites, con todas sus llanas dimensiones, o a emigrar de desesperación... Si optas por explorarla, su interminable horizonte te nutre de libertad y nunca se termina el viaje.

Hojas de un árbol caídas es mi primer libro de poesía. Al posible lector se lo ofrezco con todo el candor y la esperanza de un primer encuentro poético, para él como para mí. ¡Haga el destino que nos conozcamos en este breve recorrido! Es un poemario surgido de la terrible pandemia que ha provocado un cambio tan reciente y palpable en nuestras vidas, en nuestra rutina cotidiana, en nuestra visión de la muerte, de nuestra sociedad, de un futuro que abandona su confort de seguridades. Pero si nuestro espacio se vio reducido y fragilizado, no así el sentir emocional del transcurso del tiempo. El ritmo de la vida lo marcó el otoño dorado, los grises invernales, el verdor primaveral y la explosión luminosa del verano. Esa consabida paleta de colores que, de pronto, se hacían tan nueva, tan imprescindible a la vista para sentirse, aún, vivo.

Y este ha sido el hilo conductor de mi libro, de mi ingenuo bolígrafo, durante aquel momento suspendido. Un recorrido de estaciones anímicas, pasionalmente vividas: de la luz, nunca cegadora, a la oscuridad, nunca absoluta. Un paseo otoñal por mi vida, con intención de agradecer al destino lo que me ha dado y hasta lo que me ha robado muy tempranamente. Porque si de algo estoy segura es de que volvería a emprender la misma vereda en que me puso. De los errores, aprendí quién era, y de los momentos felices, la dicha de compartirlos.

El resto del camino lo confío al azar. La vida es una cadeneta de sorpresas que acaba en un solitario salto al vacío. Como el del personaje en el fresco de la insólita tumba de Paestum, que se arroja a una masa informe de agua desde lo alto de una columna: la *Tomba del tuffatore*, tan mal conocida en castellano como "Tumba del nadador". Porque en ese último salto, nadie sabe si haber aprendido a nadar sirve de algo…

Petra García-García

MI NOMBRE ES PIEDRA

Posadero de altos vuelos,
refugio de amedrentados,
atabal de lluvias finas,
soporte de embates vanos.

Cimiento es de grandes retos,
y es entraña de gigantes,
sólo la pulen sin ruido
las sendas de caminantes.

Vive en lugares sombríos,
tristes eriales del tiempo,
se engalana con la luz,
el agua no pasa dentro.

Su forma visible es *petra*.

MAR DE ESMERALDA

Mil pañuelos blancos dibujan el aire

y besan la arena susurros de un eco,

aromas de espuma buscan horizonte,

contornos confusos que no son de nadie.

Qué importa su hondura, su quieta bravura,

si el corazón mecen y sobre ellos yace.

ACALLAR EL RELOJ

Con aromas de flor quiero parar el tiempo
y respirar contigo la nueva primavera,
llenar con ilusiones y amor nuestro silencio
para que su perfume nunca muera.

Te fundes en el aire y eres vida,
amanece y emerges con locura,
la mañana y el sol te dan cordura,
y serás flor de noche prohibida.

La misma tierra guardará tu abrazo,
el mismo viento que meció mis sueños.
Un primer llanto vendrá con el rocío,
cuando la soledad sea desaliento.

HOY, NO MAÑANA

Cantar quisiera a la vida
con galas de primavera,
para inventarme el presente,
¿y el futuro…? el que se quiera.

Los sueños más indomables
nunca adelantan la espera.

ESTACIÓN DE VIDA

Con galas de novia
llegó Primavera,
las nubes no lloran
celebraré fiesta.

Suenen hoy las gaitas,
resuenen tambores,
el manto del cielo
se cubrió de flores.

No hay dicha que dure
a fecha certera,
si el tiempo la alarga
pierde su belleza.

ESTACIONES

Susurros me trae el viento
que anuncian mil primaveras.
No soporto el desengaño
de un otoño que no espera.

ESTADO ZEN

La armonía de la vida,
fiel al rodar del planeta,
concede a quienes la habitan
renacer en primavera
y vestir de mil colores
mil horizontes de tierra,
donde los días se nutren
de un amanecer de flores.

VERDE ESPERANZA

La vieja encina se muere
con mil desamores dentro,
cien años de soledades
y otros tantos de recuerdos.

El musgo, última esperanza,
intenta darle un aliento,
se creyó verde y hermosa,
seca seguía por dentro.

¿Agostos y soledades
pudieron con tus adentros…?
Lluvia fresca y compañía
te harán renacer de nuevo.

ALCANCE

Cuando sueñas algo grande
y no sabes obtenerlo
la vida toda es absurda
por soñarlo y no tenerlo.

Forjar un sueño es concreto,
abarcarlo…, todo un reto.

DESAFÍO

En blanco lienzo escribiré tu nombre
orlado de lluvia de flores.

Ahuyentaré negras pasiones,
verdearán primeras ilusiones.

Los años que pesan marchitan la flor
si el corazón no reta el silencio asolador.

ANIMALIA-I

Las hormigas con mandil
empezaron su jornada,
ni dentro ni fuera hay luz,
sólo un manto que no cala.
Mucho pesa la tarea,
ya será mejor mañana…

***

Un grillo quiso cantar
con alas de espuma y viento.
¿Salir y no regresar…?
¡Nunca sonó tal concierto!

ANIMALIA-II

¿Quién te pintó de lunares
roja y negra mariquita,
tan silenciosa y constante
que a los niños hipnotizas?
Cuentan y cuentan sus dedos
al son de esa cancioncilla
que se olvida con la infancia...
¡Vete con Dios mariquita!

***

Las libélulas divinas
encajes del viento son,
sus caricias en el cielo
dibujan la confusión.
Belleza, fragilidad,
guiños de la creación.
Ser libélula sería
mi mayor liberación...

MURCIÉLAGOS, RARA ESPECIE

Parpadeante deambular
de anocheceres inciertos,
sus alas son de papel,
su destino muy concreto.
Frágiles como la noche
de quien siempre anda despierto.
¿Dónde tienen su morada...?
Nunca sabré yo si acierto.
Bellos son, dicen diabólicos,
alguien se empeñó en hacerlos.
Suspendidos en el aire,
siempre inquieta no saberlo...

PARDA LLANURA

No te canto, tierra mía,
por no herir tus sentimientos.
Forjada a golpe de sudor y azada,
amarte fue mi primer desencuentro.

Cuánto calor guardas en tu entraña,
tierra seca, tierra gualda y parda,
engendras vida, eres (casi) humana,
sólo reclamas lágrimas.

INSTINTO PRIMARIO

No se me ocurren maldades
y quisiera cometerlas,
mas cuando esto no es virtud
¿cómo cambiar de actitud?

El caos es muerte lenta
que vemos como irreal,
pero arrastra consecuencias
y te obliga a despertar.

Se generan acritudes
se alimenta el malestar,
y no hay rostro definido
al que quisieras matar.

POEMAS

Burbujas de sentimiento
caricias del alma son,
un poema arropa el alma,
otro la desolación.

El guiño de las estrellas
me empuja así a caminar
por las sendas de la vida,
por la incierta realidad.

Sólo se sueña una vez
y el pasado nada hará.
Si acierto o no mi presente,
el mañana lo dirá.

LUNARES DEL AGUA

Sería canto rodado
sin querer llegar al mar,
el tiempo cincela aristas,
es generoso en su afán.

Lecho del río es mi cuna,
el agua da bienestar,
sólo sabes que transitas
sin poder llegar a un mar.

Encontrarte es todo un reto,
¿tu sino?... siempre rodar.

RÁFAGA

Frágil y liviana pluma
que juguetea en el viento,
un pétalo inesperado
interrumpe su trayecto.

¿De dónde viene el jilguero?
¿adónde se va la flor?
Gran misterio ese mecerse
en el espacio los dos.

Volaron tanto y tan alto
que perdí yo la ilusión
de esperar que se posaran
juntos en algún rincón.

¿Volverán más en el tiempo
con idéntico tesón…?
Mi esperanza, siempre incierta,
nunca alivia mi razón.

AZUL AMADO

El cielo es dulce algodón
sin palillos que lo partan,
no es de nadie, es casi nada,
sólo arropa a quienes lo aman.

Cielo amado es osadía
sin contornos ni morada,
bajar la mirada al suelo
es rutina de mañanas.

No existe mayor consuelo
que perderse en lo que se ama.

QUIEN SIEMBRA VIENTOS…

Como lava de volcán
que emerge roja y sin freno,
el odio que almacenamos
arrasa los sentimientos.

Sementera es de simiente
maligna del corazón,
que crece con las pasiones
en los surcos del rencor.

LEITMOTIV

Ser un tierno pajarillo
con nido adonde volver,
buscando miguitas blancas,
aún sin rumbo y sin saber.

¿Por qué me caí del árbol
antes de volar y ser?
Algo me empujó al vacío:
la ignorancia, sin saber.

¡Cuántas caídas como esta
destrozan vidas enteras!
Y siempre el mismo motivo:
sin saber... sin saber... sin saber.

BIOGRAFÍA DE UNA FLOR

En suelo yermo y hostil
brotó humilde florecilla,
no sabía dónde estaba,
ignoraba que existía.

Nació frágil en presencia,
libre de monotonía,
mas nunca intentó ser bella,
así son las florecillas.

Alguien le cortó su tallo
sin saber ni lo que hacía.
¡Es tan difícil ser flor
en una tierra baldía...!

TORMENTA

Voces broncas amenazan

el velo de la mañana,

el cielo se paraliza,

desorienta a la manada.

¿Qué pastor tira la piedra

cuando en el redil no hay nada...?

PUNTO DE VISTA

Si a la caza das alcance
sólo corriendo camino,
y celebras luego el triunfo
con pena y mirar cansino…
¿Es tu meta ese trofeo
a un pequeño desafío?
¿Es premio o es limosneo
el haberlo conseguido?

PASAJEROS

El zorzal pinto y la alondra
se cruzaron en el cielo,
se miraron de reojo,
y se dijeron: *te quiero*.

En un rincón del jardín,
lo susurraba una abuela.

CANTO A UN ABUELO

Firme como buena roca
con corazón de cristal,
un río que va y que vuelve
sin nunca desembocar.

En el aire quedan círculos,
como remansos de paz
gran misterio de la vida,
la maravilla de amar.

El caminar esta senda
es duro y a mi pesar,
yo quisiera ser gaviota
para volar sobre un mar.

Amor no correspondido
nunca llegará hasta allá…

ESPEJISMO-1

Rodeado de palmeras
un oasis encontré,
la vida brota entre piedras,
de esta ilusión beberé.

No es la sed que el agua calma
lo que perturba mi alma,
es la fuerza retenida
que de las manos se escapa.

ESPEJISMO-2

Tu mirada es como un beso,
tu cuerpo dulce rival,
de fragante primavera
eres belleza oriental.

Te contemplo y me parece
ver la luna aparecer
entre algodones de espuma,
cual sílfide entre laurel.

Tu boca es rubí, me digo,
y perlas tus dientes son,
que brillan cuando amanece
celoso el ardiente sol.

Tu pelo, negro azabache,
es una noche sin luna,
el viento lo zarandea
con temor y con ternura.

Espejismo eres, amor,
surgido de entre las dunas
de un desierto de papel.

LLANO HORIZONTE

Arribada en dique seco,
sin velas de navegar,
soñando con blanca espuma,
sin rumbo a ningún lugar.

¿Por dónde saldrá una luna
para poderme orientar?
¿O es la estrella la que saca
del laberinto del mar...?

ROJO DE FUEGO

Posada en el mirador,
se me apareció un lucero.
¿Su estela? rojos cabellos,
¿su entorno? un gran resplandor.

¿Por qué levantar yo el vuelo?
mi nido tiene confort,
mi timón está varado,
sólo me falta un temblor...

Brilló un momento de fuego,
sobre un cielo aterrador.
Mas no hay tiempo que restaure
lo fugaz de una ilusión.

VISIÓN EGOÍSTA

Cantos rodados transitan

buscando recodos quedos,

un chopo viejo y altivo

disfruta de tal cortejo.

Fluyen fuentes muy lejanas

que al cauce le harán espejo

de tardes y noches cálidas.

¿Nadie percibe el festejo...?

MENSAJERAS

Una mosca muy altiva
pregunta a una compañera:
¿Por qué nos sacuden todos
por compartir su tarea?

Señalamos la miseria,
eso molesta a cualquiera,
¡mas no hay por qué ejecutar
al mensajero que llega!

Nuestro poder son legiones
invadiendo este planeta,
¿pero es culpa de las moscas
o del humano que yerra...?

Nos nutrimos de pobreza,
hambruna y desolación,
porque caos que no mata,
envilece el corazón.

MARINERO DE TIERRA

Un velero en tierra parda,
sin fronteras ni horizonte,
navega pausado y lento,
no hay nada que le incomode.

Hasta la más leve brisa
despierta sus ilusiones
de ver ondear al viento
mantos de blancos colores.

FALSA ESPERANZA

Tierra parda, que me atrapas,
amante infiel en la noche,
con luz seduces, sin tope,
nunca miras hacia atrás.

Generas vida salvaje,
sin nadie que te acaricie,
sin que la lluvia propicie
lo bello de tu coraje.

ESCAPADA

El entorno no te asola,
nada lo puede cambiar,
buscar refugio no arregla,
molino es sin engrasar.

Transitar por el camino
nadie lo puede parar,
y si el rodeo no es largo
nunca dejes de llegar.

Tu empeño será... lograrlo.

FANTASMAGORÍA

Espiando entre visillos
detecté Magos errantes,
que examinaban estelas
con mensajes ancestrales.

No se alteraban sus rostros,
no transmitían mandados,
sólo robaban imágenes…
Dudo si lo habré soñado.

PANTALÓN DE PANA, BOTAS DE TACHUELA

Envuelto en negra capa,
latió un corazón de arena.
Su mirada, azul de cielo,
su mano tosca, sutil terciopelo.

¿Adónde van los hijos del silencio?...

COSECHA

Lo que siembras lo recoges
al albur de las tormentas,
no hay rayo más destructor
que la falta de paciencia.

Dos seres te dieron alma
con instinto elemental,
aflora cuando ve calma
y se define ante el mal.

Eres fragor de batalla,
dolor y ausencias tempranas,
mas nunca se justifica
que te juzgue la canalla.

NEBULOSA

Las nubes tapan la estrella
y en la inmensidad me pierdo,
hay que esperar al mañana
para ser un hombre cuerdo.

No hay brújulas en la vida
para orientar el deseo,
y si rompe la cordada
se anula todo lo bello.

ZOMBIS FAMILIARES

Se atisban luces lejanas
con bullir lento y espeso,
sonidos de ecos-fantasma
desorientan al viajero.

Abundan estos solares
de latido lento y quedo,
atrapado en soledades
donde nadie grita... *¡quiero!*

Sellan confuso horizonte
aun sin intención de hacerlo,
la agonía de sus mentes
les condena a no saberlo.

CASCARÓN

Ser la casa de tu ausencia

desconcierta mi razón,

la invaden esos vacíos

que segrega el corazón.

La soledad no es ausencia,

la ausencia sí es soledad.

BOTONES Y MÁS BOTONES

El avance "tecno-lógico"
altera mi entendimiento…
¡adiós a las emociones
de lentos descubrimientos!

La aceleración constante,
sin tregua de reflexión,
zarandea mi talante
sin ninguna compasión.

Soy engendro de otra especie,
o acaso el tiempo voló…
¿Y si la ciencia devora
la mano que la creó…?

DUDA (NADA) METÓDICA

¿De dónde viene la fuerza
que genera movimiento?
¿Es tan variada su fuente
que al ser humano pervierte?

Con su evolución engulle
al mismo que lo creó:
a veces en un Olimpo,
otras en su destrucción.

REBUSCANDO EN UN BAÚL

Y Genara se llamaba,
gran señora, bella dama,
yacía en sábanas blancas,
los bordados y puntillas
le llegaban hasta el alma.
Su tiempo transcurrió quedo,
¿qué esperó cada mañana…?
Su nombre no es de canción,
su solar es hoy baldío,
de su paso queda sólo
un retrato desvaído.
El tiempo borró su huella
sus amores dio al olvido,
el ser bella dama fue
condena de su destino.

AZAROSOS PARALELOS

Hace tiempo que pasé
el Ecuador de la vida
¿quedan tantos paralelos
para seguir la partida...?

Es el albur de la suerte,
¿la lógica?... no hay cabida.

Si todo fue solo un juego
¿dónde queda la armonía
de querer vivir lo bello
compartiendo compañía...?

SEMENTERA

Del puño cae a la tierra
ingenuo grano de trigo,
hundido en mullido lecho
calor y lluvia marcarán su sino.

Desperezado el color,
lo pardo se hará esmeralda
mecerá el tiempo los tallos,
si el sol no vuelve la espalda...

MARAVILLOSAS NUBES

Querer tocar el cielo cada día
no es un camino llano,
es peldaño empinado
que mueve a fantasía.

No renuncio al intento:
reposo y cobro aliento,
manteniendo una ilusión
que alimenta mi pasión.

ALMAS PARALELAS

No sé por qué me inspiras,
ni por qué me amas.
¿Compartimos alegrías
o fuimos desdichadas?

Aún queda un sentir profundo,
donde ya no queda nada,
cual paralelas errantes,
fuimos, sin meta trazada.

La distancia nunca importa,
sí la conjunción de almas,
ser como un brillante en bruto,
decía mi madre amada.

Mas nadie puede tallar
sin herramienta adecuada…

Y hoy como ayer me pregunto,
sin saber yo casi nada:
¿son los girones del tiempo,
los que calan en el alma?

LLANTO DE GIRASOLES

En dorado manto de lunares pardos,
pía un pardal buscando compañía,
solar incierto para grandes sueños,
larga es la espera de las profecías.

Ya no hay respuesta para grandes retos,
todo horizonte es de pequeños amos,
de corta vista y caminar oscuro.

Quién sabe si vendrán mejores días...

EL SINO DE SEVERINO

En un cruce de caminos,
se encontraron dos topillos:
Yo voy a Burgos ¿te enteras?,
Y menda a Villasandino.

¿Tú llevas algún mandado?
(le pregunta Severino),
¡Voy a mi bola, colega!.
Y yo a tirar de talega.

¡Así es la vida!... murmulla
el bueno de Severino.

MENÚ DEL DÍA

La rutina cotidiana
facilita hacer camino,
lo despeja de emociones,
es un presente cansino.

Iguala día y noches
sin descansar ni en domingo,
sólo rompe la jornada
comentar... lo que hoy comimos.

QUAL PIUMA AL VENTO

Era una zangolotina,
tan delicada y tan fina
que el céfiro la aturdía,
de noche como de día.

¿El amanecer?... lo desconocía.

Ligera como una pluma
con traje lleno de lazos,
zapatitos de charol
y guantes de seda fina.

¡Era tan zangolotina...!

PERDIDA SOMBRA

Compañero querido eras costumbre
que al borde del camino me esperaba,
traje de luces, sólida techumbre
que cobijó del sol a los que amaba.

Compañero querido eras costumbre
que en los otoños oro se tornaba,
un arpa al viento en el diciembre frío,
que con cálidas notas deleitaba.

Lloraba el cielo esa mañana blanca
y era un vacío el borde del camino,
compañero querido, tú no estabas.

¿Quién pudo apoderarse de tus sueños
y marcarte el final de la jornada...?

Compañero querido, sé mi alba.

ETERNA FÁBULA

Tronco viejo no cimbrea,
sujeta el paso del tiempo,
con cargas de primavera
nunca añorará el recuerdo.

El viento sigue peinando
sin saber por cuanto tiempo,
saberlo nunca le apremia
y nada cambia el hacerlo.

Sólo perturba sus días
ser soporte de algo nuevo.

Por algo se empieza a medir...
el tiempo.

NUBES DE HUMO

Símbolo del infinito
cual lazada de crespón,
redondeles en el aire
juguete del viento son.

Travieso azar les ayuda
a volar sin ton ni son,
para nunca ser cadena
del ojo o del corazón.

OTOÑO

Bello otoño,
dorado…
preludio del gris invierno,
esperado…

Cargado vas de nostalgia
de los días pasados
y el alma languidece
sin un refugio hallado.

Otoño que marcas vida
cuando el tiempo ha sido largo…

Montaremos en la rueda
siempre a la busca de algo,
encontrarlo será el fin
para quien vive esperando.

Sin parar en este intento,
pasemos miedos por alto.

PAISAJE

Pesa el cielo, pesa el aire,
oquedades sin retorno,
y sin esperar a nadie
inundan el fresco otoño.

Apunta vida en el valle,
refugio de manantial,
debajo, piedras salvajes,
geodas del tiempo letal.

En horizonte sublime
ruedan las ondas sin pausa,
hasta llegar a aquel valle
donde nace la esperanza.

El río es líquida vida
y pauta es del caminante,
mas por mucho que transite,
siempre habrá de llegar tarde.

FUGA

Silencios hay en el cielo,
ya migraron los alados,
anuncio es del frío invierno,
se fue el otoño dorado.

Huérfano el aire de vida,
sólo la noche despierta,
prodigio de luces blancas
cegado por lunas llenas.

PASAJE OBLIGADO

El otoño sin esperas
desnudó la primavera,
hojas de libro leídas
abrirán nueva frontera.

Huérfano queda el invierno,
descuidada va la tierra,
bajo un sol que no calienta
la mano ajena la encierra.

El humano es predador
ante frágiles barreras.

MARCA PASOS

No me visto de tristeza,
ni volver a nacer quiero,
el tiempo marca la ruta,
sólo alimenta lo bello.

Es difícil transitar
sin tropezar con lo necio,
y nadie aprendió a cribar
sin levantar polvo negro.

Vale la pena el camino
cuando se lleva algo dentro,
sembrar siempre piedrecitas
para encontrarlo de nuevo.

PARÁBOLA

Criba del alma es la vida,
en manos de molinero,
los hay con lenta cadencia,
otros con mayor salero.

Lo que cae es lo que importa:
siempre alimenta al hambriento.

HOJAS DE UN ÁRBOL CAÍDAS

De un árbol caen estas hojas,
cedazo del tiempo son,
los grandes aconteceres
requieren más dimensión.

Medir el tiempo pasado
con diámetro concreto
nos empobrece el presente
en un inútil intento.

Más te vale la locura
de no saber del mañana
y vivir un hoy radiante…
tal como te venga en gana.

NO SÉ POR QUÉ

No sé por qué todo ocurre…
¿será porque la pendiente
precipita los destinos?

El resbalón no interesa,
la ignorancia lo cultiva
con ausencia de emociones
y sueños a la deriva.

Ya no hay diques que lo paren
ni fuerzas que lo demanden.

CAMINO DE ARCADIA

Una carga de nostalgia

y otra de melancolía

destrozan almas gemelas

sin retorno de alegría.

Ven conmigo a ese infinito

sin límite ni fronteras,

donde anida la esperanza

de ser como se desea.

COMO UN ECO DE ÍTACA

Ánfora, ánfora, ánfora...

metáfora, metáfora, metáfora...

vinoso mar de odiseas

con orla de espuma blanca,

sendas de higuera y ciprés,

murmullo de fuentes claras,

se mecen en mi memoria

al alba, al alba, al alba...

MOMENTO GRIEGO

Todo es misterio,

nido de emociones

que se llevan dentro

¿es nuevo descubrimiento?

Zarandeos en el aire

y cosquilleos inciertos,

ser pequeño no es consuelo...

Rojas piedras desafían

al intrépido viajero,

no sabe cómo salir

de aquel laberinto ciego.

A CADA CUAL SU OLIMPO

¿Es cordura o espejismo

la morada de los dioses,

envuelta en tejido blanco

como en un chal de emociones...?

Nadie allí subir intenta,

por si es vía sin retorno

ese monte de leyendas.

Más te vale contemplarlo

y seguir, al pie, viviendo.

ACRÓPOLIS

Enmarcado por las diosas,
subido al alto del cerro,
hay un bosque de columnas
que esconde un mensaje eterno.
¿A quién se rinde homenaje
con tan firme entendimiento?
¿Hay un documento en piedra
para poder entenderlo…?

BÚSQUEDA

Quisiera sentir y estar
en tu infinito horizonte,
mas no alcanzo a vislumbrar
en qué remanso se esconde.

Así caigo en la orfandad
del hambre que invade el mundo
y destruye con maldad
para caminar sin rumbo.

CARPE DIEM

La rueda que mide el tiempo
nos muerde sin compasión,
¿para qué ese extraño empeño,
si no existe solución?

Su paso, siempre severo,
no admite reposición.
Sólo permite el momento,
¿mañana?... tibia ilusión.

A MARÍA EN SU SILLÓN

La nieve en tus sienes,
olor a castañas,
los pájaros duermen,
tañer de campanas.

Puñados de estrellas
sobre un cielo en calma…

Amenazan grises
de fin de campaña,
relente de espumas,
silencios del alma.

CALENDARIO CERRADO

Se me acabaron las hojas,
calendario del mañana,
las voces de los ancestros
han quedado sepultadas.

A cambio, la inanición,
con tañidos de campana,
silencios de cementerio,
que me inundan las mañanas.

La agonía lenta y dulce
no despierta la alborada.
Cuando llegue el frío invierno,
¿quién abrirá las ventanas…?

Ya no hay humo en los tejados,
la leña está abandonada
y el rugir de los tractores
rematando la jornada.

Vendrán gentes de otros mundos,
que no les importa nada
los hombres que nos hicieron,
ni el pulso de aquella España.

NECRÓPOLIS

Dos tierras tengo clavadas

en mi páramo de olvido,

dos tierras de estelas llenas,

grabadas por ojos vivos,

antiguos ojos, aquellos,

que nunca verán los míos.

PRISIONERA

Alma, salirte quisieras
de tu casita de invierno,
buscando remanso cálido
que alimente tu sosiego.

No te asustes, alma, nunca,
de lo bajito del techo,
el volar fuera supone
tener alas de jilguero.

Viento y gavilán serás,
con sólo desear serlo,
no para volar más alto,
sino por sentirlo dentro.

CEGUERA INTERIOR

El ver no es mirar.

El ver es sentir.

El ver es vivir.

El ver es amar.

El no ver, morir.

Desde un alma ciega

todo son tinieblas,

el color existe

la luz te lo entrega.

A UN ARQUEÓLOGO

Con molde de corazón
coronas siempre a los dioses,
buscas ayer con tesón
sin ayuda de los hombres.

Quietas ruinas del pasado
donde la vida bullía,
el paisaje engalanado
es tu digna compañía.

Inspiras a los que saben
con imantado poder,
ahuyentando maleficios
a los que pueden perder.

AMIGA FIEL

Soledad, eres inmensa,
y llevarte quiero dentro,
sin que nadie te conozca,
sin compartir nuestro suelo.

Dentro de ti las fronteras
son como polos opuestos,
alegrías y tristezas
sumidas en tus silencios.

Te alimentas de la vida
pero sin medir su tiempo,
eterna haces la sonrisa
y a la pena das remedio.

Soledad, mi compañera,
quiero llevarte muy dentro.

A FLOTE

El iceberg de la vida
con un lento transitar
surca mil gélidas aguas
sin flotar en ningún mar.

Destroza a los más pequeños
sin intención ni maldad,
su tamaño es de gigante,
le ciega esta realidad.

A su gélida familia
la denominan glaciar,
cuántas vidas sucumbieron
por quererlo atravesar.

Chasquido da, sordo y bronco,
aullidos da, en soledad,
sus entrañas son azules
lo alimenta un ciego mar.

MORDAZA

La soledad inspira

para poder hablar,

el camino cansino

te reclama callar.

Silencio que adormeces

destellos del soñar...

FUERA DE LA FILA

De lo humano una alta meta
exige mucha ambición,
somete a desequilibrios
de difícil solución.

Salir solo del rebaño
a un paraje ilimitado,
sin morral y sin cayado,
condena es de gran tamaño.

META DE CADA DÍA

Sólo el eco de tu voz
me despierta del letargo,
inmersa estoy en el sueño
de una existencia feroz.

Con firme disposición
emprendo seguir camino,
no hago caso al corazón,
resultaría cansino.

HILO DE ARIADNA

Descubrir la libertad
que no demanda peajes
genera cierta inquietud
de ser el final del viaje.

Alcanzando el equilibrio
del crecimiento del alma
también te lleva a su término
el pueril juego fantasma.

Con más o menos esfuerzo
saldrás de este laberinto,
sin renunciar a gozar
de un tesoro gratuito.

FUERZA DE GRAVEDAD

Flotando como una pluma
sin la levedad del ser,
buscando la nieve blanca
para no querer saber...

Es vacío que te atrapa
en oscuro amanecer
y que en el alma te estampa
hastíos de renacer.

Lo frágil de la existencia
(a pesar de su querer)
anula toda potencia,
y hasta el empeño de ser.

PLANISFERIO

Redonda gota salada,
surca el rostro sin saber.
¿Lo provoca la alborada
o lucha por renacer?

Misterio es indescifrable,
¿qué conjunción hay aquí,
es la razón responsable
y todo termina así…?

Son mares los que circundan
esta tierra en que vivir,
mil ríos los alimentan
de gozos y de sufrir.

CORAZÓN DE ARENA

Corazón de arena,
nublado horizonte,
eterna condena
a pasos errantes.

Búsqueda fallida
de un buen palpitar,
la ausencia de vida
invade el solar.

Seno de la tierra,
fuego abrasador
soy la salamandra
que no ve exterior.

Los ojos del alma
cruzando vacíos
¿vislumbrarán luz
al fin del camino…?

DESARMONÍA

En melodía nocturna

latidos del corazón:

unos cantan, otros ríen,

otros van sin ton ni son...

Moviendo querer el bien,

silenciosa percusión.

INCÓGNITA

¿A quién llaman las campanas
con ese lento tañido,
monótono y repetido
que ensombrece la mañana?

No se asoma el sol radiante,
ni hay pardal que se levante.
Ignoran que amaneció.

Compañeras de la vida
¿qué mensaje echáis al aire
con tan triste indignación...?

A OSCURAS

Fluye la noche sin pausa,
sin atender al que daña,
inunda cada rincón,
desaparece la calma.

Todo color se ensombrece
cuando la luz no lo abraza,
y se pierde en lo que inquieta
hasta palpitar mañana.

La vida es tan sólo luz
para los ojos del alma.
La realidad es distinta
si se mira por ventana.

LIENZO INACABADO

Encajes de hielo tapizan el aire,
burbujas de humo tiñen la alborada,
pinceladas verdes marcan horizontes
y la vida bulle, con miedo a escaparse.

Por dudas y sombras, voy,
camino de ciego,
sin metas grabadas…

HOMBRE, LOBO DEL HOMBRE

Grandes vacíos sin fondo,
relatos en el olvido,
emociones sin reparto
rompen la vida sin tino.

Feroz enemigo humano
es el propio compañero,
cuando se matan afectos
la luz se viste de negro.

TIC-TAC DEL TIEMPO

El relojero es un ser
nacido con vocación,
silente, ordenado, austero,
despejado de pasión.

Paciencia es su compañera
en busca de solución:
¿por qué se frenan las ruedas
si el tiempo sí transcurrió...?

QUIMERA

Solo fluye un sentimiento

prisionero de la noche,

la razón queda enquistada

sin saber a qué responde.

Soñamos para ignorar

el fin de nuestra existencia,

la vida, que nos embruja,

nunca se adapta a secuencias.

VOLVER A CASA

El caminar del tiempo

doblega la coraza,

al humano emblandece

con refugios de infancia.

El peso de la vida

sacude su ignorancia,

¿y a su paso qué deja...?

el brotar de una lágrima.

ACTUALIDAD

La paz, palabra maldita

para el que no sabe ver.

Arrasar sueños y vidas

¿y alcanzar sólo Poder...?

Mezquino aquel ser que siente

tal pobreza en el querer,

se pierde en roja tiniebla

y jamás podrá volver.

AL SOLDADO DESCONOCIDO

Remotos héroes anónimos,
ángeles de nuestras noches,
guardianes de territorios
que soportáis mil reproches.

El nido dejáis vacío
por ahuyentar predadores,
sin esperar que el olvido
os reserve un día honores.

Lanzo mi grito al destino
frente a tanto desvarío:
¡negra sangre y corta vida
al que gobierna sin tino!

EN LA MEMORIA

Sopla el cierzo, cargado de nostalgias.

Caminamos la vida eligiendo vereda,

éramos niñas, pero no pequeñas.

Sopla el cierzo, con cristales de hielo.

Nuestros rumbos se cruzan,

no somos niñas, ni tampoco pequeñas.

Sopla el cierzo, lleno de plumas blancas.

Se posan en remansos de donde el tiempo es-
capa,

sólo perdura el eco del sentir de dos almas.

Mañana nos veremos, sin reloj y sin horas.

SOL DE INVIERNO

Calienta pero no abraza,
infiel amante esperado,
destruye todo lo que ama
con su mágico aderezo
de encaje y sábana blanca,
con penumbras prematuras
que al lánguido espacio embriagan.

Salir corriendo quisiera
de este pesado letargo,
de esta prometida espera
de cálidas primaveras,
de su engañosa presencia
sin destellos en lo alto.

DE CAMINO

La nieve siento en las sienes
con caer pesado y lento,
pero no hay cierzo, ni llanto,
sólo profundos silencios.

Es invierno, noche, nada,
tampoco es fin de trayecto.
¿Dónde quedó mi equipaje
disfrazado de recuerdos…?

Índice